VENTE

du Jeudi 19 Juin 1913

HOTEL DROUOT, SALLE N° 1

A 2 HEURES

EXPOSITION PUBLIQUE

Le Mercredi 18 Juin 1913

DE 2 A 6 HEURES

OBJETS D'ART & D'AMEUBLEMENT

TABLEAUX - GRAVURES - DESSINS

MINIATURES

FAÏENCES ET PORCELAINES

Sculptures en marbre et en pierre

MEUBLES & SIÈGES ANCIENS

ET DE STYLE

Étoffes brodées -:- Velours -:- Tapis

TAPISSERIE

COMMISSAIRE-PRISEUR :

Me ROBERT BIGNON

41, Rue de la Victoire

EXPERT :

M. JULES BATAILLE

57, Rue des Mathurins

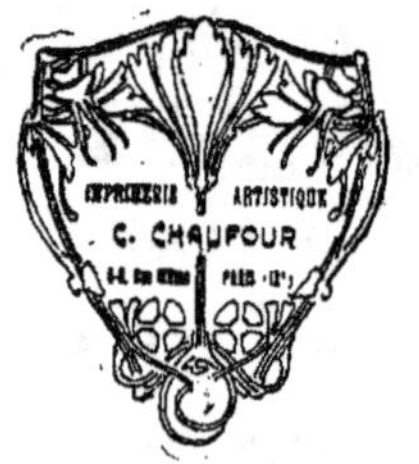

Imprimerie Artistique C. Chaufour, Paris

CATALOGUE

DES

Objets d'Art et d'Ameublement

TABLEAUX, GRAVURES & DESSINS

MINIATURES

CBJETS DE VITRINE — IVOIRES

FAÏENCES ET PORCELAINES

Sculptures en marbre et en pierre

MEUBLES ET SIÈGES ANCIENS

ET DE STYLE

Portières brodées et en velours des XVIIᵉ et XVIIIᵉ Siècles

TAPISSERIE

TAPIS D'ORIENT — TENTURES

DONT LA VENTE AUX ENCHÈRES PUBLIQUES AURA LIEU

HOTEL DROUOT — SALLE N° 1

Le Jeudi 19 Juin 1913

A DEUX HEURES

Mᵉ ROBERT BIGNON	M. JULES BATAILLE
COMMISSAIRE-PRISEUR	EXPERT
41, Rue de la Victoire	*57, Rue des Mathurins*

EXPOSITION PUBLIQUE :

Le Mercredi 18 Juin 1913, de deux heures à six heures

CONDITIONS DE LA VENTE

La vente sera faite au comptant.

Les adjudicataires paieront *dix pour cent* en sus des enchères.

L'exposition mettant le public à même de se rendre compte de l'état et de la nature des objets, il ne sera admis aucune réclamation une fois l'adjudication prononcée.

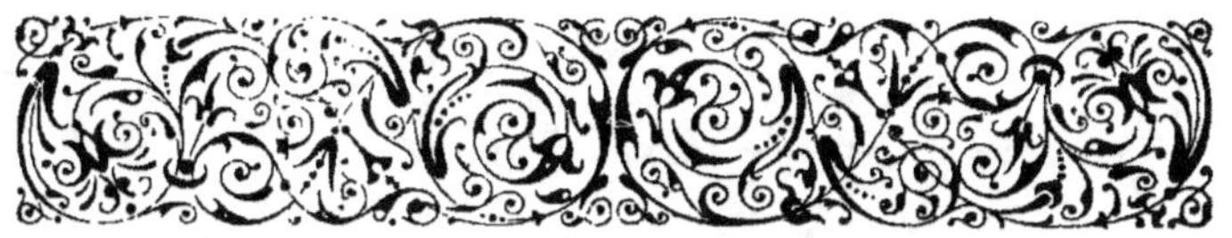

DÉSIGNATION

GRAVURES, DESSINS, TABLEAUX

1 — *Portrait de l'acteur Garrick*, par REYNOLDS.
Photographie encadrée.

2 — Deux gravures en couleurs formant pendants, par JAZET, d'après SCHLESINGER.

3 — *La Sultane.*

4 — *La Confidente.*
Gravées par BEAUVARLET d'après VAN LOO.
Deux épreuves anciennes encadrées.

5 — Dessin à la sanguine : *Amour.* Ecole de BOUCHER.
Encadré.

6 — Dessin à la sanguine : *Repos de Gardes Françaises.*
Fin du XVIIIe siècle.

7 — *Jeune ballerine penchée sur une table.*
Dessin au crayon noir portant le monogramme P. R^d.

8 — *Vue du Vieux Biskra* (Algérie).
Peinture encadrée.

9 — BERTIN (Attribué à). *Vue de Corse.*
Paysage encadré.

10 — GRÉVIN. *La Somnambule.*
Dessin au pinceau, rehaussé.
Signé.

11 — HUET (Ecole de). *La Petite laitière.*
Cadre ancien en bois sculpté doré.

12 — *Portrait de jeune femme à mi-corps tenant un bouquet de roses.*
Peinture encadrée.

13 — LAVASTRE (J.-B.). *Intérieur Renaissance.*
Aquarelle gouachée.
Signée et datée 1886.

14 — ROBIDA (A.) *Personnages dans un intérieur de la Renaissance.*
Dessin à la plume, signé.

15 — STEINBERG. *Soleil couchant sur la mer.*
Toile encadrée.

16 — VAN DE VELDE (Ecole de). *Vaches, moutons et chèvres se reposant au bord d'un ruisseau, sous une clairière, au fond paysage montagneux.*
Toile. : Larg. : 0m65 : Haut. : 0m50.

17 — ECOLE FLAMANDE. *Portrait de femme.*

La tête légèrement de trois-quarts, elle est vêtue d'un corsage
en velours bleu, la poitrine voilée d'un fichu en mousseline, de
la main droite, elle tient une boucle de cheveux.
Cadre doré de style Louis XIV.

Toile: Haut.: 0m75; Larg.: 0m60.

ARGENTERIE. OBJETS DE VITRINE
MINIATURES, BOITES

18 — Coquetier et cuillère en argent, intérieur vermeil.

19 — Tasse, soucoupe et cuillère en argent, intérieur
vermeil.

20 — Petite boite bonbonnière en argent doré, ornements
de style Empire.

21 — Ciseaux de poche en acier, étui en argent doré de
style Louis XVI. Ecrin en cuir vert.

22 — Petit flacon à gomme, cristal gravé, monture en
argent de style Louis XVI.

23 — Petit écritoire en métal plaqué d'argent. Fin de
l'époque Louis XVI.

24 — Poignard d'aspirant de marine, poignée d'ivoire
garnie de bronze doré, bélière et ceinturon à agraffes.
Epoque Restauration.

25 — Petit flacon en grès de Chine figurant un personnage accroupi.

26 — Petit buste en ancien biscuit, personnage du
xviiiᵉ siècle (restaurations).

27 — Coupe basse en étain. ornements de fleurs stylisées,
signée L. KANN. Edition SIOT-DECAUVILLE

28 — Deux plats en émail cloisonné du Japon, à décors
d'oiseaux et fleurs sur fond vert.

29 — Petite croix de corsage, de travail oriental en argent
doré-émaillé et pierres de couleurs.

30 — Volet de dyptique représentant le Christ en croix
sous une arcature gothique, à ses pieds les Saintes
Femmes. Fin du xvᵉ siècle.

Vente Courajod.

31 — Miniature ovale : Portrait de femme en costume
Louis XVI.

Cadre en argent garni de strass.

32 — Miniature ronde : Portrait de Kléber. Fin du
xviiiᵉ siècle.

33 — Miniature ronde : Tête de jeune femme, la chevelure retenue par un ruban (non terminée).

Cadre en cuivre doré.

34 — Miniature ronde : Jeune femme en costume Louis XVI
jouant du clavecin.

35 — Cadre-médaillon or et argent, contenant une miniature : Buste de femme costume Louis XV.

36 — Miniature ovale : Femme vêtue d'un costume Louis XV, jouant de la harpe.

IVOIRES

37 — Boite-bonbonnière en ivoire sculpté, sur le couvercle Le Jugement dernier, monture en argent. Epoque Louis XIV.

38 — Statuette de mendiant. Socle en bois sculpté.

39 — Statuette de soldat porte-étendard. Socle bois sculpté.

40 — Statuette de grotesque tenant un pistolet. Socle bois sculpté.

41 — Statuette de grotesque, personnage de la Comédie Italienne. Socle bois sculpté.

42 — Statuette de chevalier. Socle bois sculpté.

43 — Statuette de mendiant. Socle bois sculpté.

44 — Deux personnages: grotesque et mendiant sur fond de velours. Cadre bois sculpté.

45 — Deux personnages : *Joueur de musette* et *Joueur de guitare* sur fond de velours. Cadre bois sculpté.

46 — Groupe représentant un philosophe, à ses pieds personnage accroupi. Ancien travail chinois.

47 — Amorçoir en os gravé, sujets mythologiques. XVIIᵉ siècle.

48 — Amorçoir en ivoire sculpté à sujets mythologiques.

OBJETS DIVERS

49 — Lot de verrerie.

5o — Lot de verrerie.

5i — Lot de verrerie.

5a — Deux anciennes pintes en étain gravé.

53 — Pot flamand en cuivre.

54 — Petit sac à mains en maroquin grenat.

55 — Sac à main maroquin grenat contenant un nécessaire de toilette, brosse, glace, etc.

56 — Grande pipe en écume sculptée. Hongrie, commencement du XIXᵉ siècle.

57 — Plateau verre d'eau opaline, contenant quatre pièces, décors à réserves de fleurs sur fond orangé.

58 — Deux petites glaces oblongues. Cadres en bois sculpté doré époque Louis XVI.

59 — Coffret à bijoux en cuivre bronzé, intérieur gaîné. Tunisie.

60 — Cadre ancien en bois sculpté doré, ornements de raies de cœur et perles.

61 — Glace à encadrement de bois sculpté doré, fronton à carquois et rubans. Style Louis XVI.

62 — Baromètre-thermomètre Louis XVI en bois sculpté doré à décors de pilastres, entrelacs et guirlandes de fleurs.

63 — Grand plat en cuivre doré à dix pans, ornements gravés à personnages et animaux.

64 — Coupe carrée sur piédouche, ornement d'oiseaux, cannelures et guirlandes, marbre tendre vert foncé.

65 — Gourde gravée à sujets de personnages et animaux.

FAIENCES, PORCELAINES

66 — Assiette en ancienne faïence du Midi, décors de
grotesque, oiseaux et fleurs.

67 — Saladier en ancienne faïence de Strasbourg, décoré
d'un personnage chinois.

68 — Potiche en faïence décorée, sur socle en bois noir.

69 — Deux assiettes en faïence de Delft, décor bleu sur
blanc.

70 — Assiette en porcelaine de Chine décorée au fond de
trois personnages, marli à arabesques.

71 — Assiette en faïence, décors à lambrequins verts,
médaillon en camaïeu rose au centre.

72 — Assiette en ancienne faïence de Delft à décors bleus
sur fond blanc.

73 — Plat en ancienne faïence de Delft à décors poly-
chromes (fracturé).

74-75 — Quatorze assiettes en porcelaine de la Compagnie
des Indes, décor de fleurettes rose et mauve.

76-77 — Dix-sept assiettes en porcelaine de la Compagnie
des Indes, décors de fleurettes roses.

78-79 — Environ trente assiettes porcelaine de la Compa-
·gnie des Indes à décors de fleurs.

80-82 — Service en porcelaine de Tournai comprenant
soixante-huit assiettes plates et vingt et une assiettes
creuses, à décors de fleurettes bleues, marli gaufré.

83 — Deux statuettes en faïence fine, personnages en cos-
tumes Louis XVI.

84 — Salière double en porcelaine tendre de forme
Louis XV. Elle est décorée d'oiseaux et filets dorés.
Marque de Sèvres.

85 — Plat ovale en terre vernissée de la suite de Palissy.

86 — Grand bassin en porcelaine du Japon à décors bleu,
rouille et or.

87 — Vasque en porcelaine du Japon, fond blanc, décor
bleu.

88 — Paire de candélabres à deux lumières soutenues par
une statuette de berger et de bergère, porcelaine
de Saxe.

89 — Plat creux en terre vernissée décoré d'un coq et
de fleurs sur fond brun.

90 — Plat creux en laque du Japon, décors de paon et
arbuste d'or sur fond rouge.

91 — Plat en porcelaine du Japon, décors de chrysan-
tèmes bleus sur fond blanc.

92 — Deux grands vases rouleaux en porcelaine du Japon, décorés de vases et arbustes rouges sur fond blanc.

93 — Deux vases balustres en Sutzuma à décors de personnages et arbustes, barres en bronze doré.

BRONZES. PENDULES

SCULTURES

94 — Plafonnier électrique, bronze verni.

95 — Plafonnier électrique art nouveau, cuivre poli.

96 — Six médaillons en bronze à patine brune, cadres en cuivre doré. Famille des Médicis et autres.
Sera divisé.

97 — Deux médaillons formant pendant, bronze à patine brune : Charles X et Louis XVIII. Cadres en bronze.

98 — Médaillon en bronze : Anne d'Autriche, cadre en bronze doré à raies de cœur et perles, commencement du XIX° siècle.

99 — Paire de flambeaux en bronze doré à décors de perles, raies de cœur et lauriers. Style Louis XVI.

100 — Grande plaque ronde en bronze, à patine brune, sujet de la Renaissance Italienne.

101 — Pendule Empire à quatre colonnes ornées de motifs en bronze doré.

102 — Pendule Empire représentant une statuette de Diane en bronze doré.

103 — Petite pendule en biscuit, formée d'une statuette d'enfant assis sur un rocher. Socle en marbre, pieds en bronze.

104 — Profil d'Empereur Romain. Marbre encadré.

105 — Bas-relief en marbre tendre : Sainte-Marguerite. XVIe siècle.

106 — Groupe en bois sculpté ciré : Sainte-Barbe. XVIe siècle.

107 — Saint-Antoine en prière, entouré d'oiseaux et d'animaux symboliques. Marbre tendre. Fin du XVIe siècle.

108 — Encrier formé d'un bouddha assis, en porcelaine décorée, monture en bronze doré.

109 — Encrier en marbre vert de mer surmonté d'un buste de Victor-Hugo en bronze doré.

110 — Deux vases Empire en marbre blanc, ornements de bronzes dorés, anses formées de femmes ailées.

111 — Petite statuette de femme drapée en bronze doré, montée pour l'électricité, par Raoul LARCHE. Edition SIOT-DECAUVILLE.

112 — Statuette de femme drapée, en bronze doré, montée pour l'électricité, par Raoul LARCHE. Edition SIOT-DECAUVILLE.

113 — Paire de grands vases Louis XVI, spath floor, à ornements de bronzes dorés, surmontés d'un bouquet de roses en bronze à cinq lumières.

114 — Buste de jeune femme, la chevelure ornée de fleurs. Marbre blanc.

115 — Deux colonnes-supports en marbre clair, sur bases de couleur, ornements de bronzes dorés.

116 — Paire de lampes en émail cloisonné à fond bleu, décors d'oiseaux et chimères, monture bronze.

117 — Paire de vases Louis XVI en marbre vert de mer garniture de bronze doré.

118 — Paire de vases en cristal, monture bronze doré.

119 — Buste d'Evêque mitré, châpe avec mors, pierre de la fin du xve siècle, traces de polychromie.

SIÈGES ET MEUBLES

120 — Banquette Louis XV en bois sculpté laqué, foncé de canne.

121 — Fauteuil en bois sculpté, garniture de cuir ciouté. Fin du xvi⁹ siècle.

122 — Deux chaises à haut dossier, garnies de tapisserie au point. Epoque Louis XIII.

123 — Deux grands fauteuils en bois sculpté, doré du commencement du xvii⁹ siècle, garniture d'étoffe rouge.

124 — Deux fauteuils en bois sculpté ciré, garniture de de cuir gauffré, cloutés de cuivre. Commencement du xix⁹ siècle.

125 — Chaise-longue en bois sculpté à dossier canné. Peinture vert clair. Epoque Louis XV.

126 — Deux fauteuils, médaillon bois naturel ciré. Epoque Louis XVI. Ils sont couverts de velours vert à rayures.

127 — Grande bergère-gondole, en bois naturel ciré d'époque Louis XVI. Elle est garnie de velours vert à rayures.

128 — Canapé Louis XV à joues, bois sculpté doré, recouvert de soie brochée à bouquets et corbeilles de fleurs sur fond vert clair.

129 — Deux chaises Louis XVI, bois sculpté laqué, garniture d'étoffe.

130 — Ecran en bois sculpté doré de style Louis XV, garni d'une tapisserie au point à bouquet de rose sur fond grenat.

131 — Petit guéridon oriental, bois noir à filets clairs, incrustations de nacre.

132 — Jardinière sur quatre pieds hauts, bois sculpté ciré. En partie d'époque Louis XV.

133 — Petite table de chevet, bois naturel, dessus à tablette de marbre. Epoque Louis XV.

134 — Petite table-chiffonnier à quatre tiroirs, acajou et filets noirs, dessus marbre blanc.

135 — Table à jeu avec dessus marqueterie, formant damier et filets bois de couleur. Epoque Louis XV.

136 — Table à jeux demi-lune acajou et filets de cuivre, intérieur en drap. Commencement du XIXe siècle.

137 — Très petit chiffonnier Louis XVI à six tiroirs, bois de placage, dessus marbre.

Haut. : 1^m20; Larg. : 0^m45.

138 — Petite bibliothèque Louis XVI en acajou, portes grillagées, dessus de marbre et galerie de cuivre ajouré.

139 — Petit bureau Louis XVI à cylindre, en bois de placage, marqueterie à trophée d'instruments de musique et filets, dessus marbre avec galerie de cuivre ajouré.

140 — Secrétaire Louis XVI, en bois de placage, abattant et portes marquetés à filets, dessus de marbre brèche.

Haut· : 1ᵐ3o ; Larg. : oᵐ7o.

141 — Secrétaire en acajou, abattant et portes, tiroir intérieur dans le bas, pilastres gaines à têtes de femmes en bronze, pieds à griffes, entrées et ornements en bronze doré. Époque Empire.

Larg. : oᵐ95.

142 — Table-console Louis XVI, à 4 pieds reliés par un croisillon supportant une corbeille fleurie finement sculptée. Ceinture à entrelacs oves et perles, peinture grise, dessus marbre.

143 — Très petit bureau à abattant et pieds galbés, bois rose. Style Louis XV.

144 — Vitrine à deux portes, à petits carreaux, fronton mouluré. Elle est supportée par des pieds à griffes acajou. Commencement du xixᵉ siècle.

Haut. : 1ᵐ25 ; Larg. : 1ᵐ6o.

145 — Secrétaire à abattant et portes marqueteries de
fleurs et filets de couleur, surmonté d'une vitrine,
tiroirs sur les côtés, intérieur à portes figurant des
tiroirs. Epoque Louis XVI.

Haut.: 1"15 ; Larg. : 2 m. environ.

146 — Buffet-desserte en acajou et filets de citronnier, le
corps du bas à deux portes est supporté par quatre
pieds hauts, le dessus forme étagère à fond de glace
bisautée. Fabrication anglaise.

147 — Deux tables de nuit Louis XVI, formant pendant,
bois sculpté laqué.

148 — Grande armoire Louis XVI à trois glaces, en bois
sculpté laqué.

149 — Grand lit de milieu Louis XVI, en bois sculpté
laqué, foncé de canne.

150 — Deux encoignures Louis XV, en bois de placage
marqueté, tablette de marbre.

151 — Grande console demi-lune montée sur quatre
pieds à gaine. Ceinture à motifs sculptés, pendentifs
et guirlandes de roses, bois sculpté doré, dessus
marbre blanc mouluré. Epoque Louis XVI.

152 — Grande bibliothèque à deux corps, acajou et filets
de citronnier, le corps du haut formant vitrine à petits
carreaux, fronton ajouré. Fabrication anglaise.

TENTURES, TAPISSERIES

TAPIS

153 — Tapisserie d'Aubusson à personnages, fragments de bordures à fleurs, xviie siècle.

Haut. : 2m60; Larg. : 2m3o.

154 — Deux paires de grands rideaux en moire bouton d'or, à rayures de satin.

155 — Couverture en toile de lin, brodée de fleurs et feuillages, garniture d'éfilés, xviie siècle.

Haut : 2m35; Larg. : 2m25.

156 — Tenture en velours cramoisi, ornements de colonnes à arceaux, xviie siècle.

Haut. : 1m7o; Larg : 2m75.

157 — Portière vénitienne brodée de fleurs et motifs en argent sur fond marron. Epoque Louis XV.

158 — Tenture orientale à fond de velours bleu clair, brodée d'arabesques d'argent et fleurs multicolores. Fin du xviie siècle.

Haut. : 2m35; Larg. : 1m65.

159 — Paire de rideaux en soie jaune.

160 — Carpette orientale à dessins de palmettes sur fond marron, bordure multicolore.

Long. : 2 m.; Larg. : 0m95.

161 — Carpette orientale à rayures multicolores, bordure
à fond blanc.

Long. : 2m45; Larg. : 0m90.

162 — Grand tapis persan fond rose, fleurs et bordure
polychrome.

Long.: 4m20; Larg. : 4 m.

163 — Grand tapis Smyrne à fleurs multicolores, sur fond
rose, bordure crème.

Long. : 5m50; Larg. : 4m50.

164 — Tapis Schoumak à médaillon bleu sur fond rose.

Long.: 2m90; Larg. : 2m40.

165 — Objets omis.